LA GUERRA IRÁN-IRAK

Sadam Hussein y el controvertido
papel de los Estados Unidos

Por Corentin de Favereau
Traducido por Elena Muñoz Galvez

Historia en50MINUTOS.es

LA GUERRA IRÁN-IRAK

DATOS CLAVE

- **¿Cuándo?** Del 22 de septiembre de 1980 al 20 de agosto de 1988.
- **¿Dónde?** En Irán y en Irak.
- **¿Contexto?** La Revolución Islámica en Irán y la política de expansión territorial de Irak.
- **¿Beligerantes?** La República Islámica de Irán contra la República de Irak.
- **¿Actores principales?**
  - Ruhollah Musaví Jomeini, líder supremo de la República Islámica de Irán (1902-1989).
  - Sadam Hussein, presidente de Irak (1937-2006).
- **¿Resultado?** *Statu quo.*
- **¿Víctimas?**
  - Bando iraní: entre 220 000 y 400 000 muertos.
  - Bando iraquí: entre 200 000 y 500 000 muertos.

INTRODUCCIÓN

La guerra Irán-Irak de 1980 a 1988 (conocida en Irán con el nombre de «La Santa Defensa»), que se inscribe en el marco de un enfrentamiento milenario entre los dos países, es el conflicto más largo desde 1945 y también uno de los que más víctimas ha dejado.

El presidente Sadam Hussein quiere convertir a la República de Irak en una potencia imprescindible en la región, mientras que el ayatolá Ruhollah Musaví Jomeini planea exportar su Revolución Islámica fuera de las fronteras iraníes y extenderla a Irak. Las múltiples provocaciones en la zona fronteriza entre los dos países le sirven a Sadam Hussein como pretexto para enviar sus tropas a conquistar el Shatt al-Arab (río de Oriente Próximo), zona sobre la que proclama su dominio el 22 de septiembre de 1980. De esta forma, se inicia una guerra que, aunque en un principio parecía que iba a ser relámpago, pronto se estanca y adopta los rasgos de una guerra de desgaste. Así, tras ocho años de intensos combates y varios centenares de miles de muertos en ambas partes, ninguna de las dos grandes potencias del Golfo puede aspirar a la victoria. Este conflicto, absurdo en muchos aspectos, genera un espantoso baño de sangre y una situación económica desastrosa para los dos países be-ligerantes. No obstante, permite a ambos líderes fortalecer el control sobre sus países respectivos y asegurarse el poder.

CONTEXTO POLÍTICO Y SOCIAL

LA COSTA DE LOS ÁRABES

El 22 de septiembre de 1980, Sadam Hussein declara la guerra a Irán en base al desacuerdo de orden territorial que empaña las relaciones entre los dos vecinos desde hace varios años. Para el presidente iraquí es una cuestión de hacer valer sus derechos sobre unos territorios legítimamente iraquíes, que le fueron arrebatados cinco años atrás mediante un tratado con Irán.

Tras la Primera Guerra Mundial (1914-1918) y la disolución del Imperio otomano (1922), que se extendía sobre gran parte de Oriente Medio, las fronteras de la región se rediseñan por completo siguiendo los intereses de Francia e Inglaterra, las potencias occidentales vencedoras. Sin embargo, a lo largo del siglo XX, esta división artificial es cuestionada en diversas ocasiones. En el Golfo, el Acuerdo de Argel de 1975 —por el que Irán deja de proporcionar ayuda militar a los kurdos iraquíes a cambio del reconocimiento por Irak de las fronteras del río Shatt al-Arab— tendría que haber puesto fin a las tensiones territoriales entre ambos países. Sin embargo, el problema en torno al Shatt al-Arab, literalmente «costa de los árabes», es considerable, ya que este río conecta las zonas petrolíferas de ambos países. Así, a pesar del acuerdo alcanzado entre los dos vecinos, la importancia estratégica de esta zona da lugar a numerosas provocaciones y confrontaciones, hasta que el 17 de septiembre de 1980 Sadam Hussein rompe el tratado y conquista los territorios en conflicto cinco días después.

Los kurdos son miembros de un grupo étnico, con un idioma propio y de confesión principalmente suní, que habita en las montañas Zagros y Tauro del sureste de Turquía, el noroeste de Irán, el norte de Irak y los territorios adyacentes de Siria y de Najicheván (una república autónoma de Azerbaiyán). Pese a estar divididos en diferentes países, a finales del siglo XIX surge un cierto nacionalismo kurdo con el fin de crear un Estado independiente, el Kurdistán. Cuando estalla la guerra, los kurdos de Irak representan cerca del 19 % de la población global. Pese a esta importante representación, el régimen de Sadam Hussein sigue ignorando las reivindicaciones kurdas, lo que refuerza aún más su voluntad de autonomía.

UN POLVORÍN IDEOLÓGICO

Además de estar divididos por las tensiones territoriales, Irán e Irak se oponen también en el plano ideológico. En efecto, la guerra estalla en un momento en que los chiitas de Irak, apoyados por Irán, se oponen al régimen de Sadam Hussein. El presidente iraquí teme que este apoyo sea el inicio del contagio a su país de la Revolución Islámica producida el año anterior en Irán.

Desde hace unos meses, Irán vive un levantamiento popular animado desde Francia por el ayatolá Ruhollah Musaví Jomeini, quien se encuentra en el exilio. El pueblo protesta contra el régimen cada vez más autoritario del sah (título de los emperadores iraníes) y su forzada modernización «a la occidental», conocida como «Revolución Blanca» (1963). El 16 de enero de 1979, la presión es tal que el sah decide abandonar Irán para refugiarse en los Estados Unidos. Cuatro días más tarde, Ruhollah Musaví Jomeini, respaldado por un amplio apoyo popular, regresa triunfalmente a Teherán. Tras asegurarse de que las fuerzas armadas iban a permanecer neutrales, el ayatolá declara el fin de la monarquía el 11 de febrero y establece un gobierno provisional. El clero fundamentalista, con el nombre de «Guardianes de la Revolución», se asegura el control de los puestos clave de la administración y elimina a las figuras del antiguo régimen y a opositores de todos los bandos. Finalmente, tras un referéndum celebrado el 1 de abril de 1979, se instaura una república islámica a cuyo frente se sitúa Ruhollah Musaví Jomeini como líder supremo.

Poco después, Jomeini expresa su intención de exportar la Revolución Islámica: cree estar investido con la misión sagrada de reunir en torno a Irán a todos los chiitas y de reformar los regímenes existentes de forma radical y fundamentalista. En esta empresa, el ayatolá cuenta con capitalizar el sentimiento religioso antiárabe y antiiraquí que está enraizado en los persas desde hace milenios. Así, para Irak, que cuenta con una mayoría de árabes chiitas, la amenaza es real.

¿Sabías que...?

Persia es el nombre con el que se conoce a Irán hasta

1934. Este nombre se abandona progresivamente desde el ascenso al poder de la dinastía Pahlaví en 1925. En su origen, los persas son un pueblo proveniente del suroeste de Irán, que da lugar a dos grandes imperios: el aqueménida (del siglo VI al IV a. C.) y el sasánida (del siglo III al VII d. C). Todavía hoy, los iraníes hablan persa y están impregnados de una cultura persa propia, forjada a través de su tumultuosa y larga historia.

El islam se divide en dos grandes corrientes:

- el sunismo, que agrupa a más del 80 % de los musulmanes del mundo;
- el chiismo, corriente que profesan el 10-15 % de los musulmanes, entre ellos el 90 % de la población iraní.

Los chiitas se definen como *chi'at-u-Ali* (es decir, «partidario de Alí»). Atribuyen a Alí un papel cercano al del profeta. Según ellos, este último y sus descendientes directos, los imanes y los ayatolás, son los únicos que pueden orientar la dirección espiritual de la comunidad. Así, mientras que para los suníes la única función de los imanes es dirigir el rezo común, los chiitas les consideran los únicos garantes de la autoridad espiritual y temporal. Estas dos corrientes se distinguen también por su enfoque sobre los textos sagrados. Los suníes, además de tener una interpretación clásica del

Corán como pilar de su doctrina, tienen en cuenta la Sunna, que representa el código de comportamiento de Mahoma.

No obstante, en el plano ideológico, Irak no se queda atrás. Con el mismo espíritu de universalidad, Sadam Hussein pretende arabizar el conjunto del Golfo, promover la unidad sin fronteras de un mundo árabe moderno y defenderlo contra el radicalismo religioso del enemigo histórico persa. De esta forma, en sus discursos, el presidente iraquí encuadra su lucha en la continuidad de la Hégira, periodo durante el cual los árabes lucharon contra los persas y consiguieron imponerles el islam. Así, Hussein recuerda que los iraquíes tendrían una mayor legitimidad sobre el islam que los iraníes, o persas, que se convirtieron después.

¿SABÍAS QUE...?

Los árabes son un conjunto de pueblos muy diferentes con una serie rasgos homogéneos, como una cultura y una lengua común (el árabe), una conciencia de identidad árabe y una historia compartida. Originarios de la península arábica, hoy en día agrupan a todo un conjunto de pueblos que han sido arabizados en el trascurso de los siglos y que viven en los 22 Estados miembros de la Liga Árabe, que se extiende desde Omán (Estado de Asia occidental) a Mauritania. Una de las características más notables del mundo árabe es su aceptación de la heterogeneidad y el respeto por los particularismos. Por ello, aunque la mayoría los árabes son suníes, algunos pueblos árabes son chiitas (es el caso de Irak) e incluso cristianos.

De esta forma, las tensiones que reinan entre los dos vecinos tienen también una cierta dimensión religiosa: uno quiere el renacimiento del arabismo y el otro del islamismo.

OBJETIVO: SER LA PRIMERA POTENCIA DEL GOLFO

Con el pretexto de estos complejos conflictos ideológicos y culturales, las dos naciones se han sumido en esta guerra sin piedad por razones tan banales para la historia como el dinero y el poder. Sadam Hussein y el ayatolá Ruhollah Musaví Jomeini están sentados sobre unas enormes reservas de un petróleo de buena calidad y extremadamente fácil de extraer. Por aquel entonces, entre los dos países producen el 10 % del petróleo mundial. Así, quien controle la producción del oro negro en el Golfo adquirirá un gran poder, capaz de influenciar el curso de la economía mundial.

Para Sadam Hussein, este petróleo le permitiría hacer de Irak una potencia. El equilibrio regional árabe se encuentra alterado por la implicación de Siria en la guerra civil del Líbano y por el distanciamiento diplomático de Egipto tras reconocer Israel en 1979. Así, Sadam Hussein espera que un éxito contra Irán le ponga en la cima de las potencias árabes. Por su parte, al otro lado del Shatt al-Arab, el dinero del petróleo serviría al ayatolá Ruhollah Musaví Jomeini para sus campañas de propagación de la Revolución Islámica.

-9-

ACTORES PRINCIPALES

RUHOLLAH MUSAVÍ JOMEINI, LÍDER SU-PREMO DE LA REPÚBLICA ISLÁMICA DE IRÁN

Retrato de Ruhollah Musaví Jomeini.

Ruhollah Musaví Jomeini nace en la ciudad de Jomein, Irán, en septiembre de 1902 y pronto comienza a estudiar teología en Arak de la mano del profesor Abdul Karim Hairi-Yazdi (1859-1937). Cuando este se traslada en 1922 a Qom para enseñar, Ruhollah Musaví Jomeini decide seguirle. Tres años después, obtiene su diploma de graduado en Sharia, ética y filosofía espiritual.

Se convierte en profesor de teología y, en los años cincuenta, recibe el título de ayatolá. En esta época, adopta una postura cada vez más opuesta al régimen del sah y protesta contra su Revolución Blanca, dirigida a modernizar la sociedad iraní. Este desacuerdo le lleva a la cárcel en 1963. Al año siguiente, es liberado gracias a la presión de la calle y del clero. Retoma entonces su activismo en contra del régimen y se ve forzado a huir, primero a Turquía y después a Irak, donde se radicaliza aún más. Allí, Ruhollah Musaví Jomeini es tolerado hasta que su lucha se vuelve demasiado prochiita y Sadam Hussein decide expulsarle. Se instala entonces en Neauphle-le-Château, Francia, en 1978.

De forma paradójica, el exilio refuerza su influencia. Sus alocuciones, grabadas en cintas, le permiten llegar a la población de forma más directa y, de esta forma, llevar a cabo su revolución a distancia. En enero de 1979, la presión popular de los opositores es tal que el sah abandona Irán y deja paso a Ruhollah Musaví Jomeini, quien regresa triunfalmente a Teherán unos días después. Jomeini convoca un referéndum para elegir primer ministro y, el 1 de abril, anuncia la fundación de la República Islámica de Irán. A continuación, es nombrado líder supremo.

El 4 de noviembre de 1979, unos estudiantes islámicos toman como rehenes a 52 diplomáticos estadounidenses con el fin de conseguir la extradición del sah, que se encuentra en Washington. Este ataque, apoyado por el ayatolá, da paso a la era de Jomeini y confirma un giro de las relaciones entre los Estados Unidos e Irán, que hasta entonces era un valioso aliado de Occidente.

Ruhollah Musaví Jomeini manifiesta su intención de extender los principios de la Revolución Islámica al conjunto del mundo chiita. Sadam Hussein, temiendo una revuelta chiita en Irak, decide invadir Irán en 1980.

Tras una primera campaña triunfal del ejército iraquí, Ruhollah Musaví Jomeini moviliza de nuevo a sus tropas y consigue frenar la invasión. Esta agresión permite al ayatolá desviar la atención de la oposición hacia el enemigo y, así, conseguir acallarla, y revivir un sentimiento nacionalista persa que le permite movilizar a sus tropas.

Jomeini está convencido de que esta guerra contra el enemigo árabe es un regalo de Dios, así que rechaza todas las propuestas de alto el fuego. Esta actitud transformará poco a poco la imagen de Irán, que pasará de ser vista como la víctima a ser el invasor. Jomeini decide aceptar la resolución de la ONU sobre el cese de la guerra solo cuando su régimen islámico está en riesgo de desintegrarse, tras ocho años de guerra y una intervención militar directa de los Estados Unidos.

Ruhollah Musaví Jomeini fallece en junio de 1989, dejando tras de sí un país territorialmente íntegro, pero económicamente devastado.

SADAM HUSSEIN, PRESIDENTE DE IRAK

Retrato de Sadam Hussein.

Sadam Hussein nace en Awja, Irak, el 28 de abril de 1937. En 1955, se traslada a Bagdad para completar su educación y se afilia al Partido Baaz, que aspira a la unidad de una nación árabe sin fronteras. Tras su implicación en la tentativa de asesinato del primer ministro Abdul Karim Qasim (1914-1963) en 1959, Sadam Hussein se refugia en Siria y después en Egipto. Cuando el Partido Baaz accede al poder en 1963, decide volver a Irak. Sin embargo, tras unos meses, el partido de Sadam Hussein es ilegalizado por el general Abdel Salem Aref (1921-1966) y él enviado a prisión, de la que se escapará unos años después. Tras tomar parte en la Revolución Victoriosa del 17 de julio de 1968, su influencia en el seno del partido se hace cada vez más imprescindible, de forma que en 1979, en el 11.º aniversario de la revolución, Sadam Hussein accede al poder supremo y se convierte en presidente. Al año siguiente, temiendo que la Revolución Islámica se extienda a los chiitas de Irak, declara la guerra a Irán.

Tras una rápida campaña victoriosa, Sadam anuncia la anexión de Juzestán, una región iraní de minoría árabe y cuyo suelo es rico en petróleo. Sin embargo, el arranque nacionalista de los iraníes permite frenar las incursiones iraquíes y provoca el estancamiento del conflicto. Los bombardeos que Irán lleva a cabo sobre intereses petroleros, junto con la prolongación de los combates, fuerzan a Irak a solicitar la ayuda de potencias aliadas. Sadam Hussein se erige en el defensor de los árabes y se asegura así el apoyo de las otras potencias del Golfo. Además, también se gira hacia Occidente y la Unión Soviética. Sadam Hussein propone conversaciones de paz que son, cada vez, rechazadas por Irán, lo que le permite cambiar su imagen, pasando de ser el agresor a ser visto como la víctima. Este giro permite que las potencias extranjeras puedan justificar su apoyo a Irak frente a sus opiniones públicas, al menos hasta que se hace público el empleo reiterado de armas químicas —armas que Sadam utilizará también contra su propia población—.

En 1990, dos años después del final de la guerra, Sadam Hussein intenta levantar la economía de su país mediante la invasión de Kuwait para hacerse con su petróleo. Sin embargo, esta invasión provoca que los Estados Unidos de Georges Herbert Walker Bush (nacido en 1924) se pongan a la cabeza de una coalición internacional para intervenir militarmente contra Irak en enero de 1991. La tentativa de Sadam Hussein se torna en fracaso y condena a Irak al ostracismo de la comunidad internacional.

Los Estados Unidos, tras los atentados del 11 de septiembre de 2001 y tras comenzar su guerra contra el terrorismo, deciden derrocar a Sadam Hussein y utilizan como pretexto la presencia de armas de destrucción masiva en territorio iraquí. Esta guerra, dirigida por Georges Walker Bush júnior (nacido en 1946), provocará la caída del régimen de Sadam Hussein, que será ejecutado el 30 de diciembre de 2006.

ANÁLISIS DE LA GUERRA

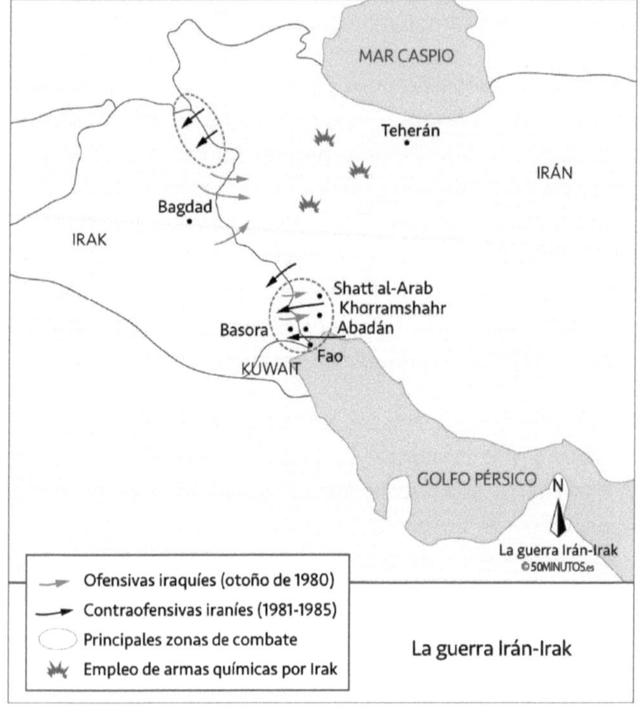

La guerra Irán-Irak

Tras días de provocaciones y enfrentamientos entre Irán e Irak sobre el trazado de su frontera común, Sadam Hussein, que cuenta con el debilitamiento militar de su enemigo persa, cruza la frontera el 10 de septiembre de 1980. Irán rechaza toda conversación diplomática con Irak, lo que destruyé cualquier esperanza de una solución pacífica del conflicto.

El 22 de septiembre, Irak lanza por sorpresa una ofensiva aérea sobre el ejército del aire iraní y sobre sus intereses económicos, lo que confirma que el final militar del conflicto es ineludible. Inmediatamente después, Sadam Hussein deroga el tratado que fija los límites territoriales entre los dos países y proclama su soberanía total sobre el Shatt al-Arab. Ambas naciones se embarcan en un conflicto que puede dividirse en ocho fases diferenciadas.

FASE 1: UNA GUERRA RELÁMPAGO (SEPTIEMBRE DE 1980-INVIERNO DE 1981)

En el momento de entrar en guerra, Sadam Hussein está convencido de su gran superioridad militar, lo que le lleva a pensar que será una guerra rápida y limitada. Irak cuenta con el mejor equipamiento militar occidental y soviético y dispone además de cerca de 190 000 hombres bien entrenados. Por otro lado, tiene a su favor las purgas que Ruhollah Musaví Jomeini ha llevado a cabo dentro de su ejército para eliminar cualquier elemento afín al régimen del sah. Jomeini ha decapitado así el conjunto de sus fuerzas armadas, con lo que su capacidad de reacción queda disminuida de forma considerable. De esta forma, los primeros meses de la guerra darán la razón al optimismo de Sadam Hussein: Irak invade Irán sin gran dificultad. El 28 de septiembre, la ONU exige el cese de los combates, a lo que Irak responde que se detendrá si Irán reconoce su dominio sobre el Shatt al-Arab. Irán se niega y bombardea los intereses económicos de Irak. A mediados de noviembre, Irak toma la ciudad estratégica de Khorramshahr (ciudad portuaria iraní) y asedia Abadán. Antes de la pausa invernal, ocupa ya 25 900 km² del sur y del centro de Irán.

FASE 2: EL *IMPASSE* (ABRIL DE 1981-MARZO DE 1982)

El ataque de Irak no ha tenido el efecto previsto por Sadam Hussein, quien esperaba desestabilizar el poder iraní. Por el contrario, la ofensiva, junto con los discursos nacionalistas de Ruhollah Musaví Jomeini, exaltan a la población, que se moviliza de forma masiva en el conflicto. Sadam Hussein se ve obligado a revisar sus previsiones de un éxito rápido. Entre diciembre de 1980 y diciembre de 1981, se mantienen las posiciones y los iraquíes, incluso, se ven forzados a levantar el sitio de Abadán.

FASE 3: REPRESALIA Y OBSTINACIÓN (MARZO DE 1982-JUNIO DE 1982)

Tras romper el sitio de Abadán, Irán derrota al ejército iraquí y, a partir de marzo de 1982, retoma la mayoría de los territorios perdidos del centro del país. El 24 de mayo, la ciudad estratégica de Khorramshahr vuelve a caer en manos iraníes.

Soldados iraquíes se rinden tras la liberación de Khorramshahr.

Estos sucesivos fracasos, junto a los miles de prisioneros hechos por el enemigo y al efecto devastador de estos acontecimientos en la moral de las tropas, obligan a Irak a declarar un alto el fuego el 9 de junio. Teherán no lo acepta y decide marchar sobre Bagdad. La obstinación de Irán rehabilita la imagen de Sadam Hussein, que se presenta ahora como el agredido. Esta rehabilitación en el seno de la comunidad internacional y la progresión del ejército iraní acentúan el apoyo logístico y militar de los países occidentales a Irak.

FASE 4: EL FRACASO DE LA OPERACIÓN RAMADÁN (JULIO DE 1982-MARZO DE 1984)

Por su lado, Ruhollah Musaví Jomeini cuenta con derrotar por completo al régimen de Sadam Hussein. Para ello, Irán lanza una colosal operación dirigida a acabar con el ejército del presidente iraquí y a entrar en el corazón de Irak. El objetivo es tomar posesión de la ciudad de Basora (segunda ciudad del país) y de la península de Fao, puerto de entrada del estratégico río Shatt al-Arab. Durante esta operación, denominada «Ramadán», se despliegan durante el mes de julio de 1982 cerca de 180 000 iraníes en territorio iraquí. Esta campaña supone la ofensiva terrestre más importante desde la Segunda Guerra Mundial (1939-1945).

Pese a la cantidad de medios empleados, la operación es un fracaso. La falta de logística iraní y la superioridad del equipamiento iraquí permiten a Sadam Hussein detener a los iraníes antes de Basora. Así, Ruhollah Musaví Jomeini solo consigue conquistar 81 km^2 al precio de miles de vidas humanas. En los meses posteriores, Jomeini intenta en varias ocasiones alcanzar el eje estratégico Bagdad-Basora, pero no llega a conseguirlo nunca por completo.

Fuego iraní.

A pesar de ello, durante la ofensiva de las marismas de Hawizeh, Irán apela de nuevo a su numerosa infantería. El ejército de la República Islámica vuelve a sufrir grandes pérdidas pero consigue apoderarse de las islas Majnoon y de su petróleo.

FASE 5: LOS PETROLEROS EN EL PUNTO DE MIRA (ABRIL DE 1984-ENERO DE 1986)

Tras los fracasos de la infantería iraní, las líneas del frente se estabilizan. De forma paralela a este nuevo estancamiento, los dos beligerantes intensifican sus ataques sobre intereses económicos. Con la ayuda de misiles franceses, los iraquíes reanudan los bombardeos sobre petroleros iraníes y las incursiones contra la terminal petrolera de Charag, el mayor exportador de petróleo de la República Islámica. Irán responde con ataques contra los barcos que prestan servicio a los puertos kuwaitíes y saudíes, entonces aliados de Irak.

FASE 6: OCCIDENTE AL RESCATE DE IRAK (FEBRERO DE 1986-ENERO DE 1988)

En febrero de 1986, el ejército iraní reanuda sus ataques terrestres y rompe el *statu quo*. Tras tomar la península de Fao, invade una parte del Kurdistán iraquí con la ayuda de los kurdos de Irak. Los iraníes continúan sus ofensivas hasta que, en enero de 1987, toman el control de la región de Basora.

Sadam Hussein reacciona e intensifica el uso de su aviación: en comparación con las 20 011 misiones contabilizadas a lo largo de todo el año 1985, el ejército del aire iraquí registra cerca de 18 648 vuelos solo entre el 9 de febrero y el 25 de marzo de 1986. Sin embargo, a pesar de este esfuerzo, el intento de Irak por reconquistar su territorio se salda con un fracaso.

En esta etapa, Kuwait solicita el apoyo de las grandes potencias ante los ataques iraníes contra los petroleros de los aliados de Irak. Los Estados Unidos, que se niegan en un primer momento, acceden sin embargo a esta petición cuando Kuwait amenaza con volverse hacia la Unión Soviética.

El 20 de julio de 1987, la ONU aprueba un nuevo alto el fuego. Una vez más, Irán rechaza el tratado y continúa sus ataques marítimos en el Golfo contra los buques kuwaitíes y americanos.

Cuatro días después, un barco petrolero cisterna kuwaití, escoltado por los Estados Unidos, se hunde a causa de una mina atribuida a Irán. Como resultado, los estadounidenses, ingleses y franceses despliegan 60 naves en la región.

En octubre de 1987, la Marina de los Estados Unidos hunde tres petroleros iraníes con el pretexto de que han disparado sobre uno de sus helicópteros de patrulla. También destruye una plataforma petrolera en respuesta al misil lanzado por Irán contra un buque petrolero cisterna.

FASE 7: EL EMPLEO DE ARMAS QUÍMICAS (FEBRERO-JUNIO DE 1988)

Irak cuenta con un apoyo cada vez mayor de las potencias

extranjeras e inicia la recuperación de sus territorios. Pese al derecho internacional, Sadam emplea de forma cada vez más sistemática armas químicas y consigue, entre el 16 y el 18 de abril de 1988, recuperar la península de Fao. Del 23 al 25 de mayo, Irak vuelve a utilizar de forma masiva este tipo de armamento para recuperar las tierras situadas en el norte, el centro y el sur. En junio del mismo año, y de nuevo empleando gases tóxicos, recupera la isla Majnoon.

Además, gracias a los nuevos misiles de larga distancia suministrados por sus aliados, Sadam Hussein puede ahora atacar Teherán de forma directa y desmoralizar así a su población civil.

FASE 8: EL FINAL DE LOS COMBATES (VERANO DE 1988)

El 3 de julio de 1988, el crucero estadounidense USS Vincennes abate por error un avión civil iraní con 290 personas a bordo. Tras este accidente, los iraníes no tienen ya ninguna duda de que las potencias occidentales están colaborando con el bando iraquí. De esta forma, los recientes y considerables fracasos militares y la presencia occidental en el Golfo obligan a Ruhollah Musaví Jomeini a aceptar finalmente la proposición de paz de la ONU. El alto el fuego entra en vigor el 8 de agosto de 1988 y los combates cesan 12 días después.

UNA GUERRA MUY POLÉMICA

Mientras no vea las armas químicas, haré como que no existen

Uno de los mayores escándalos ligados a esta guerra es el empleo de armas químicas por Sadam Hussein, con el apoyo de los Estados Unidos. En 1983, Irak viola el Protocolo de Ginebra de 1925 —que contempla la prohibición del empleo de dichas armas— y utiliza gas sarín, e incluso gas mostaza, sobre los soldados iraníes y, también, sobre las poblaciones kurdas del norte de Irak, entonces aliados de Irán. La comunidad internacional, presionada por los Estados Unidos, se abstiene en un primer momento de reaccionar con demasiada dureza. En la actualidad se sabe que los Estados Unidos jugaron un papel directo en los ataques químicos sobre las tropas iraníes. Sin embargo, las aterradoras imágenes del ataque con gas sobre los kurdos en Halabja conmocionan al mundo entero, y los gobiernos ya no pueden mantener seguir negando los hechos. El 25 de mayo de 1987, la Comunidad Europea condena el empleo de armas químicas y, el 9 de mayo de 1988, lo hace la ONU.

El turbio papel de la administración estadounidense

Bajo el régimen del sah, los estadounidenses habían hecho de Irán un aliado imprescindible en el Golfo. Los Estados Unidos creían que la Revolución Islámica sería una buena defensa contra la subversión comunista y esperaban poder renovar esta alianza tras la llegada al poder de Ruhollah Musaví Jomeini. Sin embargo, se ven empujados a replantear su posición cuando diplomáticos estadounidenses son tomados como rehenes por estudiantes iraníes. Así, cuando estalla la guerra, los Estados Unidos deciden apoyar a Sadam Hussein en su intento de derrocar al ayatolá. Pero este apoyo estadounidense se verá empañado por numerosas polémicas.

El premier escándalo en estallar es el Irangate, que salpica directamente al presidente Ronald Wilson Reagan (1911-2004). La prensa de la época saca a la luz que, aunque públicamente apoya al Irak de Sadam Hussein, la administración estadounidense vende, en la sombra, armas a las tropas de Ruhollah Musaví Jomeini. Este asunto provoca un gran revuelo y Washington sufre una gran pérdida de credibilidad.

Pero el turbio juego que practican los Estados Unidos durante esta guerra no termina aquí. Un segundo escándalo estalla con el asunto de la fragata USS Stark, alcanzada por disparos iraquíes, y que los Estados Unidos manipulan.

Fotografía de la fragata USS Stark alcanzada por los disparos iraquíes.

Tras este error, Washington despliega una amplia campaña de desinformación con el objetivo de acusar a Irán. Los Estados Unidos tienen así el pretexto para responder a los intereses petroleros de Irán y deciden participar de forma directa en el conflicto.

El escándalo más grave en el que se ve envuelta la Casa Blanca es, sin lugar a duda, su implicación en el empleo por Sadam Hussein de armas químicas contra las tropas iraníes. Pese a los horribles efectos provocados por estas armas, los Estados Unidos siempre han negado toda implicación, directa o indirecta, en el empleo de estos gases. Sin embargo, se sabe ahora con seguridad que tenían conocimiento de las acciones de Sadam Hussein y, peor incluso, que ayudaron a mejorar la eficacia de estos ataques, en el mejor de los casos, proporcionando información al ejército iraquí sobre la posición de sus objetivos.

El último escándalo que salpica la intervención estadounidense es el del USS Vincennes, el 3 de julio de 1988. Un barco estadounidense, el USS Vincennes, confunde un avión de pasajeros iraní con una unidad del ejército del aire y lo abate en pleno vuelo, causando 290 víctimas civiles iraníes. Una vez más, los Estados Unidos intentan ocultar el asunto con el pretexto de que se trataba de un avión kamikaze. Esta campaña de desinformación se salda una vez más con un fracaso. Aun así, Irán siente cada vez más la presión estadounidense sobre sus tropas y, acorralado, acaba resignándose y firmando el alto el fuego propuesto por la ONU.

Sadam Hussein, un amigo incómodo de Francia

El presidente francés Charles de Gaulle (1890-1970), tras la Segunda Guerra Mundial, quiere levantar la industria de su país. Así, se esfuerza por cuidar a sus aliados árabes; critica por ejemplo los ataques de Israel sobre Egipto de junio de 1967, durante la guerra de los Seis Días (del 5 al 10 de junio de 1967). Con este objetivo, Francia pronto se convierte en el tercer proveedor de Irak, gracias al activo papel de Sadam Hussein, el verdadero artesano de las buenas relaciones franco-iraquíes. En 1974, París consigue numerosos contratos con Bagdad, con lo que se confirma la cooperación económica y militar entre los dos países. En este contexto, se abren las negociaciones para vender a Sadam Hussein dos reactores nucleares civiles. No obstante, esta transacción suscita una gran inquietud: muchos piensan que Irak busca en realidad conseguir la bomba atómica. Israel toma muy en serio este riesgo y bombardea las instalaciones de los reactores varios meses después.

Cuando comienza la guerra Irán-Irak, Francia ve en Irán un gran peligro e intensifica sus envíos de armas a Irak. Sin embargo, esta cooperación con el régimen de Sadam Hussein convierte a Francia en objetivo de una ola de atentados asociada a los servicios secretos iraníes. Además, esta estrecha colaboración con Irak pronto incomoda al Gobierno francés, que tendrá cada vez más dificultades para justificar esta relación privilegiada al revelarse las masacres perpetradas por Sadam Hussein con armas químicas.

El final de los combates: todo esto para nada

Tras ocho años de un sangriento conflicto, la guerra se salda con un inconcebible *statu quo*. No hay ni vencedor ni vencido. Los dos países vuelven a sus fronteras de 1975 y Ruhollah Musaví Jomeini tiene que reconocer el fracaso en su intento de exportar la Revolución Islámica a Irak. Sin embargo, en este final que no satisface a nadie, es la población la que más ha sufrido. En efecto, esta guerra es la más devastadora y una de las más sangrientas del siglo XX.

 En términos de pérdidas humanas:

- en Irán, según el balance oficial, habría habido 194 931 muertos, entre ellos 183 931 militares y 11 000 civiles. Sin embargo, las estimaciones hablan de entre 220 000 y 400 000 muertos;
- en Irak, según las estimaciones, las pérdidas se elevan a entre 200 000 y 500 000 personas.

En términos económicos, la guerra habría costado:

- en Irán entre 74 000 y 91 000 millones de dólares, más 11 260 millones de dólares en importaciones militares, según las estimaciones;
- en Irak, entre 94 000 y 112 000 millones de dólares, más 41 940 millones de dólares en importaciones militares, según las estimaciones.

REPERCUSIONES DE LA GUERRA

En la tarde del 20 de agosto de 1988, el sentimiento general es que la guerra ha sido un inmenso desastre. Ambos países han vuelto a sus fronteras de antes de la guerra y no se ha resuelto ninguno de los asuntos fuente de tensiones. El conflicto ha sido escenario de un gran desperdicio de vidas humanas y medios materiales para, al final, terminar en un *statu quo*. Sin embargo, la retrospectiva histórica nos permite hoy en día constatar que estos ocho años de conflicto sí tuvieron consecuencias.

DOS REGÍMENES CONSOLIDADOS

La reafirmación de la República Islámica

En contra de lo esperado, la guerra, en un primer momento, no perjudica a ninguno de los dos regímenes beligerantes. Paradójicamente, la duración del conflicto permite a Ruhollah Musaví Jomeini consolidar su Revolución Islámica. Cuando, en 1980, la república todavía estaba dando sus primeros pasos y se encontraba sumida en peleas internas, el ayatolá consigue unir al pueblo iraní en torno a su líder supremo y a su ejército frente al enemigo histórico: los árabes suníes. Además, esta guerra le permite ocultar los numerosos problemas de gestión económica del gobierno islámico.

Un poder cada vez más dictatorial

Irak, por su parte, cuenta con un ejército de un millón de hombres y con un importante arsenal de armas modernas suministradas por la Unión Soviética y Occidente, lo que le sitúa entre las grandes potencias de la región. Esta guerra permite a Sadam Hussein fortalecer de forma considerable su poder personal. El presidente, cada vez más déspota, se aprovecha del conflicto para eliminar todos los focos de oposición. Así, lleva a cabo la masacre de los chiitas del sur de Irak, favorables a la República Islámica, y también elimina la rebelión kurda del norte, que combate del lado de Irán. Siguiendo esta política de supresión radical de la oposición, Sadam Hussein, el domingo 16 de marzo de 1988, ataca con gas a la población kurda de Halabja, violando los convenios internacionales sobre el empleo de armas químicas.

TIEMPO DE CAMBIO DE POSTURAS

Una muerte en cierta medida liberadora

Sin embargo, esta consolidación de los dos regímenes solo dura un tiempo. Al cabo de unos meses, comienzan a reabrirse las heridas de la guerra. En Irán, la imagen de Ruhollah Musaví Jomeini —y del poder islámico— sufre varios golpes cuando el ayatolá ordena la eliminación masiva de los prisioneros de guerra. En unos meses, se ejecutan a más de 30 000 prisioneros. Este baño de sangre no pasa inadvertido. El designado como sucesor de Ruhollah Musaví Jomeini, el ayatolá Hosein Alí Montazerí (1922-2009), ante el riesgo de represalias violentas, empieza a protestar contra esta masacre y será apartado del poder debido a sus críticas.

La muerte de Ruhollah Musaví Jomeini, el 3 de junio de 1989, aunque es llorada por millones de partidarios, permite una cierta puesta en cuestión del ejercicio del poder por el ayatolá. Aunque no se trata de un levantamiento masivo contra el difunto líder supremo, tras su desaparición, empiezan a oírse voces de desacuerdo con su política de obstinación durante la guerra, así como con su falta de visión en la gestión práctica de los asuntos internos. Otros, por su parte, esperan que el régimen de su sucesor, Alí Hoseiní Jamenei (nacido en 1939), sea más moderado.

Demasiada provocación

Al terminar los combates en 1988, la economía iraquí está devastada. El país tiene que hacer frente a sus acreedores. Sadam Hussein le pide a Kuwait que anule su deuda, que se eleva a varios miles de millones de dólares. Kuwait se niega y Sadam Hussein intenta entonces una mano de póker: invadir a su rico vecino y apoderarse de sus numerosos recursos petroleros; todo ello, bajo la mirada de una comunidad internacional que, hasta el momento, había sido especialmente complaciente con él.

Sin embargo, la comunidad internacional, con quien Irak también está muy endeudado, no permanece impasible ante esta invasión y aprueba el establecimiento de sanciones económicas drásticas para intentar hacer entrar en razón a Sadam Hussein. Sin embargo, este bloqueo, dirigido a aumentar la angustia financiera de Irak, no tiene el efecto esperado. Sadam Hussein se radicaliza: rechaza el ultimátum y continúa su invasión.

El 17 de enero de 1991, los Estados Unidos de Georges Herbert Walker Bush se ponen a la cabeza de una coalición de 34 países que ataca a las fuerzas iraquíes. Nada puede hacer Sadam Hussein ante esta coalición internacional, y su tentativa de invasión termina en fracaso. En tan solo unos días, su ejército es barrido y tiene que abandonar Kuwait. Las consecuencias para Sadam serán dramáticas. La comunidad internacional reprueba las acciones de Irak y las sanciones económicas provocan un descenso catastrófico de las condiciones de vida de los iraquíes. Sadam Hussein, que pasa de ser visto como un déspota ilustrado a un tirano sanguinario a los ojos del mundo, terminará por ser derrocado y ejecutado el 30 de diciembre de 2006, tras el ataque sobre Irak de los Estados Unidos de Georges Walker Bush júnior y sus aliados.

EN RESUMEN

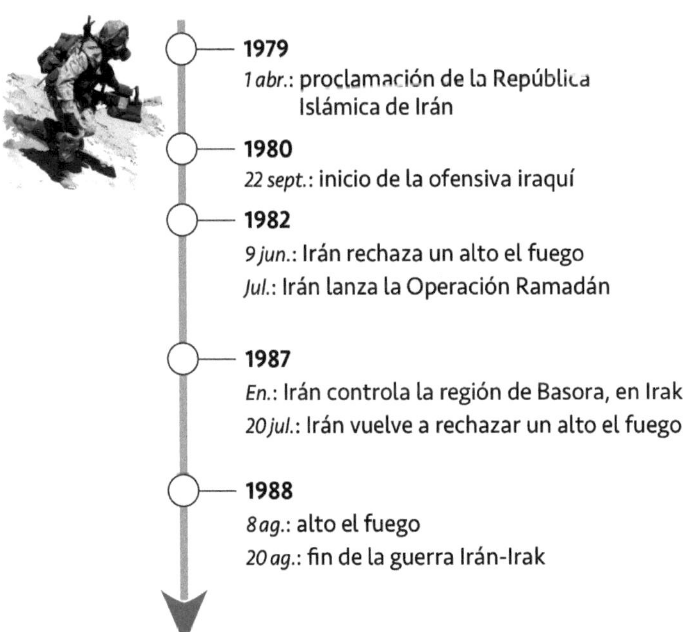

- Sadam Hussein desea hacer de su República de Irak una potencia imprescindible en esta región del globo.
- El ayatolá Ruhollah Musaví Jomeini planea exportar su Revolución Islámica más allá de las fronteras iraníes y extenderla a los iraquíes.
- A lo largo del año 1980, los dos bandos se prestan a múltiples provocaciones en torno a su zona fronteriza del río Shatt al-Arab, violando así el tratado territorial firmado en Argel en 1975.

- El 22 de septiembre de 1980, Sadam Hussein envía el conjunto de sus fuerzas a Irán.
- La ofensiva iraquí impresiona a los iraníes, que se agrupan en torno a Ruhollah Musaví Jomeini y les empuja a participar masivamente en el conflicto.
- Contrariamente a las previsiones iraquíes, el conflicto se estanca rápidamente.
- Tras sucesivas negativas a las conversaciones de paz por Irán, Occidente ofrece un apoyo cada vez más marcado a Irak.
- Desde comienzo del año 1988, a pesar del derecho internacional, Sadam Hussein intensifica el empleo de armas químicas para reconquistar los territorios tomados por Irán.
- El 20 de julio de 1988, sin aliento y convencido ahora del apoyo inquebrantable de los Estados Unidos a Irak, Irán acepta finalmente la propuesta de paz de la ONU.
- Esta guerra de casi ocho años desemboca, al final de todo, en un insignificante *statu quo* territorial.
- El balance humano y económico es espantoso y de hecho lo convierte en uno de los conflictos más devastadores desde la Segunda Guerra Mundial.
- A pesar de este enorme desastre, esta guerra permite a Sadam Hussein y a Ruhollah Musaví Jomeini hacer callar las oposiciones internas y consolidar sus respectivos regímenes.
- El horror provocado por el uso de armas químicas sobre las poblaciones (principalmente los kurdos en Halabja) empuja a los occidentales a separarse definitivamente de Sadam Hussein, que será ejecutado en 2006 tras un ataque sobre Irak por los Estados Unidos.

¡Tu opinión nos interesa!
¡Deja un comentario en la página web de tu librería en línea,
y comparte tus favoritos en las redes sociales!

PARA IR MÁS ALLÁ

FUENTES BIBLIOGRÁFICAS

- *Balta, Paul. 1999. Iran-Irak. Une guerre de 5 000 ans.* París: Anthropos.
- Gardner, Anthony J. 1988. *The Iraq-Iran War: A Bibliography.* Londres: Mansell.
- Cordesman, Anthony H. 1988. *The Gulf and the West: Strategic Relations and Military Realities.* Londres: Mansell.
- Fisk, Robert. 2006. *La gran guerra por la civilización: la conquista de Oriente Próximo.* Traducido por Verónica Canales Medina, Roberto Falcó Miramontes y Gabriel López Guix. Barcelona: Círculo de Lectores.
- Hiro, Dilip. 1996. *Dictionary of the Middle East.* Londres: Macmillian.
- Hiro, Dilip. 1989. *The Longest War. The Iran-Iraq Military Conflict.* Londres: Grafton.
- Hourcade, Bernard. 2010. *Géopolitique de l'Iran.* París: Armand Colin.
- Tahir-Kheli, Shirin y Shaheen Ayubi. 1989. *The Iran-Iraq War, New Weapons, Old Conflicts.* Nueva York: Praeger Publishers.
- Tameri, Amir y Patrick Wajsman. 2002. *Irak. Le dessous des cartes.* Bruselas: Complexe.

FUENTES COMPLEMENTARIAS

- Menashri, David. 1990. *Iran: A Decade of War and Revolution.* Nueva York: Holmes & Meier.

- Miller, Judith y Laurie Mylroie. 1991. *Saddam Hussein y la crisis del golfo*. Madrid: Editorial San Martín.
- Saint-Prot, Charles. 1983. "La guerre du Golfe. Pourquoi la France aide l'Irak ?". *Proche-Orient et Tiers Monde*, n.º 8.
- Saint-Prot, Charles. 1987. *Saddam Hussein: un «gaullisme» arabe?* París: Albin – Michel.
- Stern, Brigitte. 1991. *Les aspects juridiques de la crise et de la guerre du golfe. Aspects de droit international public et de droit international privé*. París: Montcherstien.
- Trab Zemzemi, Abdel-Majid. 1985. *La guerre Irak-Iran. Islam et nationalismes*. París: Éditions Albatros.

LITERATURA

- Hillawi, Janane Jassim. 2005. *Pays de nuit*. París: Actes Sud.
- Satrapi, Marjane. 2005. Cómic *Persépolis 1 y 2*. Traducido por Albert Agut. Madrid: Ediciones El País, colección *cómics El País*.
- Powers, Kevin. 2012. *Los pájaros amarillos*. Traducido por Jesús Gómez Gutiérrez. Madrid: Editorial Sexto Piso.

FUENTES ICONOGRÁFICAS

- Retrato de Ruhollah Musaví Jomeini. © Mohammad Sayyad.
- Retrato de Sadam Hussein. La imagen reproducida está libre de derechos.
- Soldados iraquíes se rinden tras la liberación de Khorramshahr. La imagen reproducida está libre de

derechos.

- Fuego iraní. La imagen reproducida está libre de derechos.
- Fotografía de la fragata USS Stark alcanzada por los disparos iraquíes. La imagen reproducida está libre de derechos.

PELÍCULAS Y DOCUMENTAL

- *Iran-Irak: la guerre totale.* Dirigido por Gilles Du Jonchay. Francia: 1988.
- *Bashu, el pequeño extraño.* Dirigida por Bahram Beizai, con Susan Taslimi, Parviz Pourhosseini y Adnan Afravian. Irán: IIDCYA, 1989.
- *L'Éclaireur.* Dirigida por Ebrahim Hatamikia, con Grégoire Colin, Romane Bohringer y Jackie Berroyer. Irán: 1988.
- *Gilane.* Dirigida por Rakhshan Bani Etemad y Mohsen Abdel Wahab, con Madjid Bahrami, Shahrokh Foroutanian y Baran Kofari. Irán: Fadak Film, 2005.

MUSEOS Y MONUMENTOS CONMEMORATIVOS

- Cementerio de los mártires de la Sagrada Defensa, en Howeyzeh, Irán.
- Mausoleo del Ayatolá Jomeini, en Teherán, Irán.
- Monumento conmemorativo de la masacre de Halabja, en Halabja, Kurdistán.
- Monumento conmemorativo a la paz dedicado a las víctimas por armas químicas de la ciudad de Sardasht, en Teherán, Irán.

- Monumento Al-Shaheed dedicado a los soldados iraquíes caídos durante la guerra, en Bagdad, Irak.
- Museo de la Sagrada Defensa, en Khorramshahr, Irán.
- Manos de la Victoria, que conmemora la pretendida victoria de Irak en la guerra, en Bagdad, Irak.